An der Weser gewachsen

Petra Kollakowsky

Dieses Buch ist bei der Deutschen Nationalbibliothek registriert.
Die bibliografischen Daten können online angesehen werden:
http://dnb.d-nb.de

© 2023 Klaus Kellner Verlag, Bremen
Inhaber: Manuel Dotzauer e. K.
St.-Pauli-Deich 3 • 28199 Bremen
Tel. 04 21 77 8 66
info@kellnerverlag.de
www.kellnerverlag.de

Herausgeberin: Petra Kollakowsky, Bremerhaven-Mitte
Gesamtlayout: Cordula Mahr
Titelbild: „Geestemole" Aquarell von Petra Kollakowsky, 2002

ISBN 978-3-910871-00-7

Für meine Nichte Dunja und ihren Sohn Nico
und alle, die mich bis hierhin begleitet haben...

Auf einmal warst Du da,
liebe Cordula!
Hast mich inspiriert,
mein Buch initiiert
und mit mir gestaltet,
als Ehrenamt verwaltet.
Drum sei Dir Dank, Du „Lover
von unserem Hardcover",
gewachsen an der Weser
für nahe und ferne Leser!

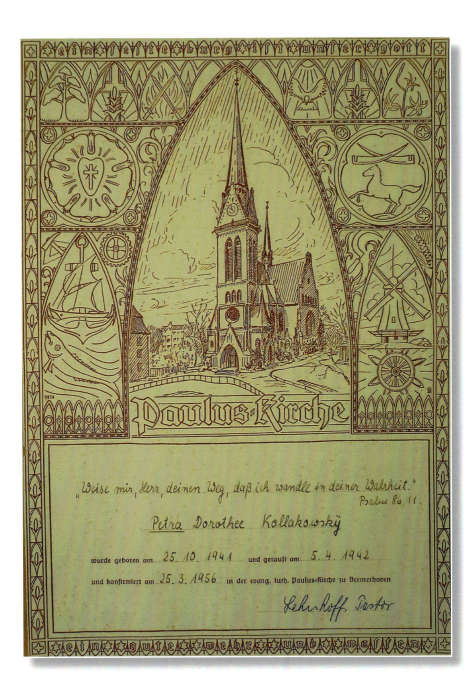

Einleitung

Gestartet bin ich in Bremerhaven-Lehe und von hier ins Leben gezogen. Begleitet und gestärkt hat mich dabei mein Glaube, eine Gnade, ein Gottesgeschenk, das mir - wie mir scheint - in die Wiege gelegt wurde und mich in Demut wachsen ließ. Trotz aller Beschwernis durch Krankheit und trauriger Verluste in Familie und im Freundeskreis bin ich unendlich dankbar für alles, was mir gegeben wurde, vor allem, dass ich mir meinen Traum, klassischen Gesang zu studieren, erfüllen konnte. So kann ich heute in meiner riesigen „Erinnerungstruhe" kramen und von beglückenden Momenten als Sopranistin auf verschiedenen Opern- und Konzertbühnen zehren.

Schon in der Schulzeit entdeckte ich mein musikalisches und mein Maltalent. Ab dem 16. Lebensjahr begann ich Gedichte zu schreiben - mit viel Gefühl! Auch mit Fotografie und Aquarellmalerei kann ich mich kunstvoll ausdrücken. Mein Glaube, meine Stimme, Stift und Pinsel sind mein „Handwerkszeug" in meinem künstlerisch erfüllten Leben.

Der Schmetterlingskuss

Der Kinderzeit
mein Lied ich sing!
Der Weg war weit.
Dein Kuss verging
wie Flügelhauch,
hat mich berührt -
auch Mund und Wangen -,
hat mich verführt,
mich eingefangen.
Nun singe ich wieder,
mein Schmetterling,
dir späte Lieder,
du Zauberling!
Auf wundersame Weise
fliege ich zurück
und ziehe meine Kreise
im Kinderglück.

Bremerhaven, 15. Nov. 2013

Petra in der Neuelandschule Lehe, Sommer 1952

Sopranistin Petra Kollakowsky erinnert sich an die Kindheit und Jugend in Lehe

In dieser bedrückenden Corona-Krise fällt es mir schwer, über mein Leben und meine große Liebe zur Musik, insbesondere zu meiner „Sangesleidenschaft" zu schreiben. Mit 78 Jahren gehöre ich zur gefährdeten Altersgruppe und bin zuhause isoliert! So krame ich in der riesigen „Erinnerungstruhe" und kann heute zehren von beglückenden Momenten als Solistin auf vielen Opern- und Konzertbühnen, als Mitglied des Staatsopernchores Stuttgart und im Festspielchor Bayreuth. Auch in Kirchen zu singen, zu Festgottesdiensten und zu Gottes Lob zu „jubilieren" hat mir stets große Freude gemacht.

Begleitet und gestärkt hat mich dabei mein Glaube, eine Gnade und ein Gottesgeschenk, das mir - wie mir scheint - in die Wiege gelegt wurde und mich in Demut wachsen ließ. Trotz aller Beschwernis durch Krankheit und trauriger Verluste in Familie und im Freundeskreis bin ich unendlich dankbar für alles, was mir gegeben wurde, so zum Beispiel, dass ich mir meinen Traum klassischen Gesang zu studieren, erfüllen konnte.

Schon früh sang ich im Kinderchor „Concordia" und besuchte allein Gottesdienste, weil ich die Kirchenlieder und die Andacht in der Kirche liebte. Zuhause, in der Goethestraße 35, übte ich heimlich am Radio die Koloraturen der „Königin der Nacht" und sang ein hohes für die schwedische Nachtigall Jenny Lind komponiertes Lied mit.

Meinen ersten Solo-Auftritt hatte ich versteckt hinterm Kasperletheater als „Gretel" unter Leitung meines „Kasperle"-Bruders Norbert bei einer Weihnachtsfeier. Als 10-Jährige setzte ich sehr hoch zu singen an „Vom Himmel hoch, da komm ich her ..." und überraschte alle Zuhörer. Mein erster Applaus! Von da an war ich Muttis Lerche!

Mein Vater konnte seinen Traum, Kunstmalerei zu studieren nicht erfüllen, aber die Ölmalerei war für ihn gleichzeitig Therapie, seine äußeren und inneren Kriegsverwundungen zu bewältigen. Ich bewunderte seine Kunst sehr, durfte ihn aber nie beim Arbeiten in seinem Atelier „Kolla-Reklame" in der Auestraße 19 stören. Erst viel später entdeckte ich mein geerbtes Zeichnen- und Maltalent, Bruder Norbert dagegen früh.

Kolla Reklame Atelier, Auestraße 19 in Bremerhaven-Lehe
Aktion „laufende Werbesäulen" Anfang der 1950er Jahre.

Familie Kollakowsky 1946/47 bei Foto Cario - Bremerhaven

Wir waren eine Künstlerfamilie und sehr emotional auf ganz besondere Art und Weise miteinander verbunden. Mutti Herma konnte „Top-Mode-Modelle" zeichnen, auswendig mit Dramatik Gedichte und Balladen vortragen. Sie wäre aber gerne Balletttänzerin geworden. Sie sang mit hübschem Sopran Volkslieder mit uns und spielte Mundharmonika. Vati Helmut sang im Stadttheater Bremerhaven als Knabe Sopran und spielte in Oper und Schauspiel mit - zur Freude von Mama Meta und Papa Emil. Auch in der „Großen Kirche" hat er Solo gesungen. Mit 13 Jahren brachte er sich selbst das Ziehharmonikaspielen bei. Norbert lernte und spielte im Schulorchester der Körner 2. Geige. Bruder Hartmut spielte Gitarre, zu der er mit starker Stimme sang, wie auch später als Schauspieler auf der Bühne.

Mit 9 Jahren war ich wie versessen darauf Klavier zu spielen, Pianistin zu werden, aber das war finanziell nicht möglich. Im Studium hatte ich zwar Klavierunterricht, war angeblich begabt, aber mit 21 Jahren war es leider zu spät, und es blieb bei Noten lernen und Fingerübungen! Wir Geschwister haben alle drei studiert. Norbert begann mit Theaterwissenschaften in Köln und anschließend sein Schauspielstudium an der Folkwang Hochschule in Essen-Werden, wohin ich ihm im Herbst 1962 folgte, um beim Bariton Prof. Clemens Kaiser-Breme Gesang zu studieren. 1967 erhielt ich von der Hochschule für Musik den Folkwangpreis.

Hartmut vollendete sein Schauspielstudium in Hamburg. In den folgenden Jahren waren wir an verschiedenen Theatern engagiert und konnten uns in den Theaterferien bei unseren Eltern in Bremerhaven wiedersehen. Wenn es zeitlich möglich war, haben unsere Eltern uns und unsere Vorstellungen besucht. Auch wir Geschwister bewunderten uns gegenseitig auf der Bühne, soweit die Spiel- und Probenpläne es zuließen. Das war schon alles sehr aufregend, aber auch eine große Freude.

Petra Kollakowsky, Bremerhaven 2020

Helmut Kollakowsky (weiße Jacke rechts) mit einem Besucher in seinem Werbeatelier. Seine „laufenden Werbesäulen" sind in Lehe unterwegs.

Es ist die Lerche

Spr.: Es verkünden die alten Lieder:
Alle Vögel kehren wieder.
Es verkünden alte Weisen:
Zuhause bleiben über Winter die Meisen.

Gesang ♪: Alle Vögel sind schon da, alle Vögel alle ...

Spr.: Ja, wirklich alle?

Gesang ♪: Amsel, Drossel, Fink und Star
und die ganze Vogelschar
wünschen dir ein frohes Jahr,
lauter Heil und Segen.

T: Hoffmann von Fallersleben
M: Volksweise
18. Jh., Str. 1 + 2

Spr.: Bedroht ist auch in diesem Jahr der Star!

Gesang ♪: Welch ein Singen, Musiziern,
Pfeifen, Zwitschern, Tiriliern!
Frühling will nun einmarschiern,
kommt mit Sang und Schalle ...

Spr.: Der Star ist ein „Star"!
Er kann die Lerche sogar
und seine Mitsänger imitieren.
Als ein Sänger vor dem Herrn
irritiert er die Vogelwelt gern.

Gesang ♪: Horch, die Lerche singt im Hain ... !

Spr.: Ja, es ist die Lerche
und nicht die Nachtigall,
die sich aufschwingt - senkrecht
in die Luft, im Singflug
hoch über den Feldern
jubelnd den Tag begrüßt.
Auch sie imitiert und
sie improvisiert mit
rollenden ...... trillernden
und zirpenden Tönen ......
hier und dort, feldaus und feldein,
am Boden singt das Weibchen fein.

Gesang ♪: Warum singt dir das Vögelein
so freudevoll sein Lied?
Weil's immer fliegt, landaus, landein,
durch alle Fluren zieht (Valeri ...)

"Mein Vater war ein Wandersmann"
T: Sigismund
M: Anding

Spr.:	In Liederbüchern kannst Du lesen, wie es mal auf dem Land gewesen, was es ja heut auch gibt in der Stadt, die noch Parks und Blumenwiesen hat, wo still die Vogelweibchen hören, wie ihre Sänger sie betören ...	
Gesang ♪ :	Es blühen Blümlein auf dem Feld, sie blühen weiß, blau, rot und gelb, es gibt nichts Schöneres auf der Welt.	„Jetzt fängt das schöne Frühjahr an ..." Volkslied Unterfranken 19. Jh.
Spr.:	Doch Bauern bedrohen die Lebensräume - nehmen auch Staren zum Brüten die Bäume! durch brutal intensive Landwirtschaft, das heißt: sie vergiften mit Glyphosat.	
	Und während die Vögel zur Brut bereit, überfährt mit Maschinen - viel zu breit - auf schmalem Weg zu Acker, Wiese und Feld am Rand er die Blumen-Insektenwelt.	
	Ach, und das Käferlein, das Vögelein darf sich nun auch nicht mehr des Lebens freun! Gefällt werden viele alte Eichen. Auch Alleen müssen Wegen weichen!	
	In „Aus dem Leben eines Taugenichts" schreibt Eichendorff (1822) in seinem Liedgedicht:	
	Wem Gott will rechte Gunst erweisen, den schickt er in die weite Welt, dem will er seine Wunder weisen in Berg und Tal und Strom und Feld.	
Gesang ♪ :	Die Bächlein von den Bergen springen, die Lerchen schwirren hoch vor Lust. Was sollt ich nicht mit ihnen singen aus voller Kehl und frischer Brust.	M: F. Th. Fröhlich 1833
Spr.:	So lasst zum Schluss uns träumen: Bei Arbeit singt die Lerch uns zu, die Nachtigall bei süßer Ruh.	„Was frag ich viel nach Geld und Gut ..." 1776 M: Ch. G. Neefe T: M. Miller

Bremerhaven, Feb. 2018
Lesebühne mit Gesang „Im Märzen der Bauer"

Das Buch (I)

Seiten, leere Seiten, bald aber voll, sagen so viel ...,
vielmehr an einem Tag,
als man in einem Jahr erleben kann.

Sie sprechen von Leben, Liebe,
Leid und Freud,
Not, Brot, Geburt und Tod.
Sie lehren uns richtig denken,
fühlen, sehen,
hören, lenken - verstehen.

Das Buch (II)

Ich sah ein Buch mit Bildern,
mit wunderschönen Bildern.
Das sprach mich an und ich erkannte –
so ist die Welt, so hast du sie noch nie gesehen –
und dann sah ich sie!

Bremerhaven, 28. Jan. 1958 (16 J.)

„Im Tessin" Aquarell 6/1997 - Stuttgart

Das Clowns-Lächeln

Wenn sich der Mund
zu einer breiten Linie verzieht
und kleine Fältchen bildet,
so heißt das ein Lächeln.
Aber die Augen,
seht doch - die Augen,
sie lachen nicht mit !
Ja, ist denn das ein Lächeln?
Nein, der Mensch ist traurig,
hat Schweres erlebt.
Seine Augen sind wie tot.
Wenn er lacht, sieht er aus wie - ein Clown ...
Er muss das Lachen wieder lernen,
das Lachen, das aus dem Herzen kommt
und die Tränen in die Augen treibt.

Bremerhaven, 1958

Zwei Seelen

Anima und Animus
atmen tief in meiner Brust,
hauchen innig mir mit Lust
ihren seelenvollen Kuss.

Bremerhaven, 2023

„Meine Harlekine" (frei nach Nolde) Aquarell 1997 - Stuttgart

Wünsche ...

Wenn man sich etwas wünscht,
ganz von Herzen wünscht,
so glaubt man an die Erfüllung,
wie auch ich,
an eine Wirklichkeit,
ganz klare Wirklichkeit,
und man kann warten,
wie auch ich.
Doch, wenn es nicht gleich
oder bald geschieht,
dann darf man nicht verzagen,
wie beinahe ich.
Ich spreche mir Hoffnung zu,
Hoffnung und Vertrauen
auf dich - denn du bist - Gott!

Bremerhaven, Jan. 1958

Ein Name nur ...

Anne Frank - ein Name nur
und doch - so viel!
Er spricht von Tod durch Mord,
von Grausamkeiten ohne Zahl.
Er spricht von der großen Schuld der Menschen,
von Leid und Schlechtigkeit
auf der einen und der anderen Seite.
Er sollte uns belehren!

                                         Bremerhaven, 28. Jan. 1958

Musik

Ich höre eine Melodie,
eine zarte Melodie.
Mein Herz wird weit,
mein Auge feucht.
Ich bin froh, so froh,
immer wieder,
wenn ich eine
wundersame Melodie höre.
So ist das, wenn man
Musik über alles liebt!

                                           Bremerhaven, Jan. 1958

Tränen ...

Wie ein brennender Strahl
steigt es in der Kehle auf,
dringt es in meine Augen.
So kommen meine Tränen.
Sie netzen meine Wangen.
Unaufhaltsam, wie ein Bach,
der über die Ufer tritt,
so fließen meine Tränen.

Bremerhaven, 30. Jan. 1958

Abends

Ich steige in mein Bett
(Wenn ich dich nicht hätt!)
Müd fallen mir die Augen zu,
doch ohne Beten gibt's kein Ruh.
Dann denk ich an den Tag,
ob all, was ich vollbracht,
Gott recht sein mag.
Doch bald siegt allein der Schlaf,
er wiegt mich ein ...

Bremerhaven, 12. Feb. 1958

Vorfreude

Ich freue mich auf alles das,
was uns der Sommer bringt,
auf Sonne, Blumen, Lieder, Gras
und was das Vöglein singt.
Und wenn ich abends lieg im Bett,
dann steh'n die Fenster offen.
Ich hör die Vöglein singen wett
und werde ganz betroffen,
denn singen wie so'n kleiner Wicht,
denk ich, das kannst du nicht.

Bremerhaven, Feb. 1958

Petra's Hundemama
Yvonne mit ihrem
Nachwuchs -
Bremerhaven 1965

Erste Liebe

An meiner Seite geht er hin,
seine Hand umschließt die meine.
Ich unendlich glücklich bin
und fühle eine feine,
eine wundersame Regung,
sie zieht mich zu ihm hin.
Seine Augen sind so klar und warm,
sie leuchten in die meinen.
Ganz leicht berühr' ich seinen Arm.
Wir beide brauchen nur zu schweigen,
und immer wieder sehen wir uns an.

Bremerhaven, Feb. 1959

Harmonie

Im sanften Schein einer Kerze –
trotz Sehnsucht, Leid und allem Schmerze -
gedenken wir der Harmonie,
des Lebens schönster Melodie.

Bremerhaven, 15. Juni 1961

Impressionen

Grüne Zweige hängen tief im grünen See.
Goldene Fische schwimmen unter Rosen.
Über dem Wasser leuchtet ein Regenbogen.
Die bunten Blütenblätter weinen Tränen.

Bremerhaven, Mai 1962

Die Flöte

Es klingt so süß, wenn in dem Wald
ein Vogel seine Lieder singt.
Doch seltsam ist's, dass ich dies Bild
durch einer Flöte Spiel empfing.

Bremerhaven, 15. Juni 1961

„Kollage" 1987 aus zwei Kupferstichen von Ludwig Richter - Stuttgart

Ein Bildnis

Wenn ich dichte, wenn ich singe -
was für ein göttliches Gefühl!
So gern ich hier nach Worten ringe -
vom Zeichnen hab ich auch sehr viel.
Meine Hand muss wiedergeben
Licht und Schatten - Zug um Zug,
darin sich spiegelt alles Leben,
das dieser Mensch schon in sich trug.
Eines Menschen Art und Wesen
werden so mir offenbar.
Ich kann in seinen Zügen lesen,
und auch die Augen sprechen wahr.
In jeder Linie, jedem Bogen,
ein klarer Ton steckt da und hie.
Es wird ein Bildnis, wie durchzogen
von einer zarten Melodie.

Bremerhaven, 15. Juni 1961

„Mona Lisa" Bleistift 1960 - Bremerhaven

Erwachen

Träumend – wie ich bin –
geh ich meiner Wege
und sehe selten hin,
wo die Natur so rege
den Samen hat gesät.

Tastend – mächtiges Dunkel –
wandle ich durchs Leben!
Und will der Sonn' Gefunkel
mir die Erleuchtung geben,
dann ist es schon zu spät.

Wachend – will ich werden –
mit Mächten meiner Liebe,
dass nicht auf karger Erden
der scharfen Sense Hiebe
mir meine Freunde mäht.

Bremerhaven, Sep. 1961

Der Schatten

Ein schwarzer Schleier – schattengleich –
legt sich auf uns're Seele nieder.
Ein Lachen färbt ihn wachstuchbleich.
Beleuchten wir ihn immer wieder,
dann schwingt er auf, tänzelt leicht,
schwebt fort und zieht an uns vorüber.

Bremerhaven, Juni 1961

Verloren

Wohin soll ich mich wenden,
zu dir, wer bist denn du?
Kann ich dir Liebe spenden
und find ich endlich Ruh?

Was Gott der Welt geboren,
das schafft er stets vereint.
An dich bin ich verloren.
Hat er es so gemeint?

Bremerhaven, 1. April 1962

„Die Wiese" Aquarell 1992 - Stuttgart

Das Land der Lieder

Lasst mich fort, ihr grauen Tage,
ins Land der Lieder fliehen!
Da blühen noch auf kahlen Steinen
wundersame Blumen.
Es streifen Sonnenstrahlen,
umfluten Lichterquellen mich,
und über Regenbögen - ohne Trauer -
wie über Brücken gleite ich,
für meine wunde Seele
den Balsam hier zu finden.
Ach, lasst mich fort, ihr grauen Tage,
ins Land der Lieder fliehen!

Bremerhaven, 16. Okt. 1961

"Pelléas et Mélisande" Aquarell 7/2002 - Bremerhaven

Gefüllte Zeit

Wir sehen uns an
Und wissen
Wir sind uns gut
Wir lächeln in Augenblicken
Und stimmen unsere Herzen
Auf uns zwei ein
Eins sein und untrennbar
Ist unser Wunsch
Liebe soll die Zeit füllen
Die uns bleibt

Stuttgart, 1977

Im Wir

Der Liebe erliegen,
die den Himmel verspricht.
Wie ein Vogel fliegen
vom Schatten in das Licht.
Gemeinsam sich erden,
erblühte Wege geh'n.
Beim Wachsen und Werden
im Wir zusammensteh'n.

Bremerhaven, 2. Juli 2016

„Ich bin der Weg ..." Aquarell 1997 - Stuttgart

Wegweiser

Die Sterne ziehen
mit ihren Weltenkindern
eine Bahn.
Ich weiß, der Stern
macht mich selig.
Sterne und Weg
sind eins, der Sonne Strahlen
weisen himmelan.
Ich glaube,
Gott macht mich selig.

Bremerhaven, April 1962

Das verborgene Ich

Es gibt Sterne
in unserem Leben,
die leuchten uns,
ohne zu fragen,
woher wir kommen,
wer wir sind,
wohin wir gehen.

Sie leuchten anders
als die Sterne
des einen Himmels.
In uns hinein dringen sie
und zeigen uns
einen Weg
zum verborgenen Ich.

Bremerhaven, Jan. 1962

Im Abendrot

Es scheint, als wäre was gestorben,
der Himmel dunkel und tot.
Und doch erglüht es wieder morgen,
ein Wunder, das Abendrot.
Das Licht, ich sehe es versinken.
Mein Aug', das sich verzehrte,
will heute mir ertrinken,
sieht morgen neue Werte.

Bremerhaven, Ende Aug. 1962

Jesus

Dein Lichtglanz
von Liebe durchdrungen
wirft Schatten
der Hoffnung

Heilig Kreuz
mit Rosen umwunden
Dornenkron
Menschensohn

Bremerhaven, Nov. 2008

"Feuersturm" Aquarell 1992 - Stuttgart

Schatz an Liebe

Ist uns bestimmt,
in Einsamkeit zu leben?
Der Mensch sucht stets
für sich verwandte Seelen,
sehnt sich, den Schatz
an Liebe hinzugeben.

Bremerhaven, Sep. 1962

Tusche-Portrait 1977 - Kassel

Schätze

Freundin, grabe!
In dir verborgen ruhen
und warten Schätze,
die zu heben du lebst.

Nun beginne!
So fliehen Neid und Missgunst,
fliehet Traurigkeit.
Ahnst du, wofür du lebst?

Essen-Werden, 11. Mai 1963

Freundschaft

Freundschaft ist ...
Anfang - sie bereitet uns den Weg.
Liebe - erwärmt sind unsere Herzen.
Feuer - eine Flamme zu behüten.
Glaube - Gott verbindet seine Werke.
Ende - sie erfüllet unsere Seele.

Bremerhaven, Juli 1962 -
noch Idealistin

Die Sehnsucht

Sehnsucht in dem Menschen klingt,
die nach Offenbarung ringt.
Endlich lernt er aus der Frage,
wie er seine ewige Klage
lauter Jubel weiß zu lassen,
wie er liebend kann erfassen.

                                          Bremerhaven, Aug. 1964

Das Band

Die Nacht umfängt uns beide,
entführt den Geist, der uns erhebt,
in die Himmelsräume.
Aus Wolken er dort webt
ein lichtes Band der Freude,
das hernniederschwebt
und endlich uns verbindet,
wo unsere Liebe mündet.

                                          Essen-Werden, Okt. 1964

Verklungene Liebe

Liebe
seh' ich sterben -
und du fragst nach
Fröhlichkeit!
Singe mir ein Lied
und lass verklingen es
zu Tiefen, in Träumen,
da dieses Hoch
in Endlichkeit
vergessen sein wird.

                                                  Stuttgart, 1978

Gedankensprünge

Zärtlichkeit für verwelkte Blumen
Trauer um verlorene Schönheit
Verinnerlichtes Blättersuchen
Auferstehen in kindlichen Träumen
Phantastisches Entgegenblühen
Dem ewiglichen Menschlichsein
Liebendes Erkennen der Endlichkeit

                                            Essen-Werden, Juni 1963

Perlentropfen

An aller Tage Abend seh ich Dich -
beim Morgenlicht dein Angesicht
sich mit dem Frühtau baden.
Die Perlentropfen scheinen Tränen
und gar Schmuck zu sein.
Das kommt allein
von Engelein, die weinen!

Bremerhaven, Nov. 1962

„Der Baum" Aquarell 3/1997 - Stuttgart

Sekunden-Reaktion

Herz
Gedanke
Blick
Aus-Sage
Wort
Liebe
Hass
Frage
Verlorenheitsgefühl
Tod - Ende

Gelsenkirchen, Sep. 1970

Schmerz

schwarze krähe
fliehend sehe
schmerzzerriss
wütend biss
zornig zähe
schreien wehe
sensediss
scharf sie mähe

Gelsenkirchen, Okt. 1969

"Metamorphosen" Aquarell 2002 - Bremerhaven

Ursprünglichkeit

Die Ewigkeit der Nächte
ist verhängt
durch erstletzten
unsäglichen Schmerz,
in geflügelten Stürzen
herab in das Geheimnis
des Seins,
mit lodernder Empfänglichkeit
zum Quell des Seins zu gelangen.

Essen-Werden, Juni 1965

Du

Du, immer Du?
Du und ich,
ich und Du?
Du ohne mich,
ich ohne Dich.
Du, fernes Du.
Du so fern,
ich so nah.
Ich, weine ich?
Du weinest nicht!
Ich weine, ja!
Wir weinen?
Wir weinen nicht.
Wir, niemals wir!
Ich, nur ich.
Du, immer Du.
Du …

Essen-Werden, März 1966

Pelleas und Melisande, 1971
MiR Gelsenkirchen

Der Kuss

Nahmst den Kuss
von meinen Lippen
als einen Hauch nur
meiner Seele hin.
Dein aufgebäumter Leib
zwang leidenschaftlich mich,
gestammelt Ausdruck
selbst ohnmächtig noch
in mich zu kerben.
Ich wollte das Grüne
meines jungen Lebens
als eine Krone
um dein dunkles Haupt
dir winden.
Wie mächtig
konntest du sein,
die Zeit zum Knecht
uns machen,
doch - du atmest mich nicht ein.

                                                  Kassel, Nov. 1973

Getrennt

vorerst in dich verloren
werden doch geboren
neue Wege
stehen offen
zu hoffen
zu leben
getrennt
wir

                        Gelsenkirchen, Sep. 1970

Verlorene Seele

Wie fühlst du dich?
Ich fühle mich verloren,
weil du eine
verlorene Seele bist.
So liebst du,
so liebe ich.
Wir alle sind
Verlorene an das Leben.

                        Gelsenkirchen, Nov. 1970

„Die Geisha" Aquarell auf Japanpapier 1977 - Kassel

Kater Toschi

Hast Katerchen du
ein Knöpflein, 'nen Schuh,
ein Körnchen von Reis,
ein Linnen, so weiß.
Magst spielen mit all's
in Kassel und falls
du tobst nebenbei,
so ist's allerlei!

Schläfst Kätzchen du ein
im Schaukelstuhl mein
mit Hälschen gereckt
und Füßchen gestreckt,
wie lieb schaust du aus!
Du fängst keine Maus,
nein, schlafen willst du
und nichts als dein Ruh!

Kassel, Feb. 1973

Abschied von Kater Tristan

Du bist so weit fort
auf einer immergrünen Wiese -
unter dir emsig wühlende Mäuse -
über dir fröhlich neckende Vögel -
am wunderblauen Himmel -
in einem Licht, das alles
was kreucht und fleucht,
in Wärme und Liebe hüllt.
Du bist in schattenloser Stille
und ruhst fernab
unsrer verlärmten Welt,
wo dein Licht erloschen ist -
außer in meinem Herzen.
Da finde ich noch deine Seele.

Stuttgart, † 23. Sep. 1993

Überschall am Zoo
Freiluftkonzerte am Zoo am Meer

Experimente hier –
bei Grotten „Nordgetier".
Gelände ideal,
die Tiere ganz egal!
„Rock-Band-and-Klassik-Hora"
zu artenreicher Flora … !
Und nicht nur Regenschauer
vor und hinter der Mauer.
Nein! Überschall, so laut,
geht hier unter die Haut.
Verzerrte Resonanzen –
der Marder will nicht tanzen!
Sagt euch denn nur der Wind,
was „Pfeif-Frequenzen" sind?
Sie schaden gar so sehr
den Tieren im Zoo am Meer!
Ist messbar konvertibel
gleich „gehörirreversibel"?
Dann bringt „Im-Lärm-sich-baden"
am End' auch Menschen Schaden!

Bremerhaven, 25. Juli 1993

Aquarell für „Menschen für Tierrechte" -
Tierversuchsgegner Baden-Württ. e.V. - Stuttgart

Nachtwache

Taub sind deine Ohren
für das Fallen von Schnee,
von Müdigkeit
geschwollen deine Lider,
mein Kind des Tages,
dem die Nächte weichen,
nicht Weichen dir stellen,
weil auf den Tag
gerichtet deine Glieder
und das, was kommen muss.

Doch einmal nur verweile.
In Ruhe schau dem Auge nach,
wie sanft der späte Abend dir
und tief die Nacht
ins Innere wächst.
Es hebt und senkt sich deine Brust,
und still wird es dir,
mein Lieb, ganz leis.
O schau den Schnee und höre ihn,
bevor er wird zu Eis!

                                              Kassel, Feb. 1973

Gebrannter Engel

Hörst Flügelschlagen
und gebrannten Engel
siehst du verzweifelt fallen
in irdischen Schnee -
nicht nur des Nachts.
Bäumt hoch sich,
will hinauf, woher er kam,
zur Sonne und den Sternen,
den gold'nen Mond
in deine Träume holen.
Was er wollte, war Liebe,
und hat's gegeben,
muss fragen er,
ob's Sünde war.
Oh du, mein Kind der Erde,
das fest dort steht,
gestrandet bist nicht du!
So lass ihm Liebe
Liebe sein und
lob ein wenig ihn,
denn er ist ewig dir -
und sei's nur in Gedanken,
die seine Seele trägt.
Bedenk, Gott hat die Not
wie auch die Seligkeit
ins gleiche Erdenbeet gesät.

Kassel, 23.Feb.1973

Die Umwelt

Schwarze Tannen
strecken mahnend
kahle Spitzen
in nebelgrauen Himmel.
Ich gehe durch
totes Laub
auf regennassen Wegen,
atme an der Straße
eng die Gase,
Staub und Blei.
Bin einsam
neben Kraftfahrzeugen,
gesteuert hinter
blinden Scheiben
von denen,
die wie ich
ein untrennbarer Teil
dieser schwarzen
Tannen sind.

Stuttgart, Nov. 1993

"Wildenten" Aquarell 1/1997 - Stuttgart

Licht im Dunkeln

Blicke nicht zurück im Zorn.
Siehe liebevoll nach vorn.
Schau in dunklen Wolken Licht.
Lach der Sonne ins Gesicht!

Stuttgart, 5. Juli 1995

Exot

Wer die Stärke hat
ein Exot zu sein
bleibt nicht nur am End
in der Tat allein

Bremerhaven, Aug. 2014

Lohn des Rauchens

Nicht nur in die Tabakindustrie
investieren alle Raucher.
Leider sterben viele viel zu früh -
alte und auch junge Schmaucher.
So genießen meist die Raucher nie
ihre einbezahlte Rente.
Durch den frühen Tod - welch Ironie -
macht Gewinn der Staat am Ende ...

Bremerhaven, 2001

Eine starke Zigarette ...

... lief mit dem Tod um die Wette.
Der holte sie ein
und sagte: Wie fein bringst du ins Grab
die Menschen rein!
Doch weil sie litt an Atemnot,
er ihr eine genehme Stelle anbot:
Du bist mir lieb und teuer,
entfache das Fegefeuer!
Dann musst du nicht mehr rennen
und kannst unendlich brennen.
So werd' ich dich belohnen,
darfst in der Hölle thronen.

Bremerhaven, 2001

Abhängigkeit

Bei ihrem Anblick
ist mir nicht wohl.
Sie löscht ihr Feuer
mit Alkohol.
Nach ihren Gründen
sie zu fragen,
kann ich auf Dauer
nicht ertragen!
Ich weiß die Antwort,
die ist nicht toll:
Sie kann nur leben
mit Alkohol.

Bremerhaven, 2018

Kleinigkeiten

Hat etwas Großes
dich bewegt,
als du das Kleine
hast verlegt?

Bremerhaven, Nov. 2017

„Trauernde Sonne" Aquarell 1992 - Stuttgart

Tod des Bruders

Ich habe deine fernen Augen gesehen,
als deine Seele auf die
weltendliche Reise ging.
Blitze fuhren durch
schwarzgelbe Wolken
vom Donner gewaltig zerrissen.
Trauer strömte vom Himmel
in deiner letzten Stunde.
Nahe warst du der Steppe,
dem Adlerhorst im All.
Deine Träume sollen sich erfüllen,
über der Welt zu schweben,
frei inmitten Urgewalten.
Nun ruhst du still über dem Meere,
wo deine Asche begraben ist.
Ich liebe dich, mein Bruder,
glaube und hoffe,
dass du zu unserem Bruder gingst,
dem Erstgeborenen in Ewigkeit.

Bremerhaven, Okt. 2005

„Kleiner Bruder" Hartmut *23.12.1943 †24.07.2003,
Seebestattung ab Bremerhaven Seebäderkaje mit der
„Nell Britt" (schwed. Plattbodenschiff) 21.08.2003
„Großer Bruder" Norbert *02.01.1940 †26.07.1999

Gottverlassen

Meine Flügel
in Angst gefesselt.
Mein Kreuz
umwunden
von Einsamkeit.
In Trübnis und Schmerz
bin ich
ohne dein Licht.

                                      Bremerhaven, 2003

Zurück zu Gott

Zurück zu Gott
und brünstig im Gebet
um Vergebung,
um Seelenheil gefleht.
Hat er die Not
nicht in das gleiche Beet
wie auch den Frieden
in Ewigkeit gesät?

                                  Essen-Werden, 17. Feb. 1965

Gottes Liebe

Aus Gottes Liebe gespeist
werden Kräfte des Herzens,
die Seele, das Verhalten.
Aus geschmolzenen Herzen
erwachsen gütige Taten.
Höchste Werte gestalten
Gottes Gesetz und Gnade,
die in wärmender Fülle
Gottes Liebe entfalten.

Essen-Werden, Feb. 1966

Petra's Konfirmation 1956 mit ihren Brüdern Norbert und Hartmut
in Lehe, Goethestraße 35

Tipp-Mamsell

Und wieder ist es mir gelungen -
kaum hab ich einen Ton gesungen -,
als Tipp-Mamsell und Darlehns-Maid
zu helfen auch in dieser Zeit.
Zum zweitenmal den Weg nach oben -
und niemals Ärger, immer lobend -
ging eiligst im Augusto die
„Ohle-Patz-Boe-Ko-mpanie".
Wir rechneten die Zinserhöhung
mit ½ % und sehr viel Schwung.
Vielleicht bin ich ja wieder da
beim Zinserhöhn im nächsten Jahr!

Stud. mus. Petra Kollakowsky - Werkstudentin in der Städtischen Sparkasse
Bremerhaven während der Semesterferien August bis September 1965
(Folkwang Musikhochschule Essen-Werden)

Die schwarze Null

Stripp, strapp, strull,
die Kassen, die sind full.
Die Menschheit zählt Millionen,
sie schulden sich Billionen.

Stripp, strapp, strull,
da ist die Schwarze Null.
Sie kommt uns sehr gelegen,
Deutschland lebt verwegen.

Stripp, strapp, strull,
das finden wir ganz toll!
Im Schwarzen Loch, ohn' Zweifel,
holt Nullen sich der Teufel.

Stripp, strapp, strull,
und nun ist full is full.
Wir klatschen in die Hände,
der Anfang ist das Ende.

Bremerhaven, März 2015

Familie Kollakowsky an Mutti's 80. Geburtstag - Bremerhaven, 3. Juni 1996

Glücksklee

Meditieren im Klee
in güldener Sonne
ist am Weserdeich mir
die purgrüne Wonne.

Doch suchst hier du das Glück,
so musst du wohl wissen,
dass zur Dunkelheit sich
die Kleeblätter schließen!

Bremerhaven, Sep. 2015

Wunden der Kindheit

Wenn die Wunden
der Kindheit
in dir weinen,
darfst du keine
Rosen schneiden,
die blühen wollen.

                                        Bremerhaven, 2008

„Flammender Baum" Aquarell 3/1997 - Stuttgart

Ostsee-Impressionen

Hell leuchtet das Mondlicht
aus rabenschwarzem Himmel
durch zerissene Wolken
auf die stürmische See.
Sandböen peitschen das Gesicht.
Salz zergeht auf der Zunge.
Gegen den Wind schwanken wir
dem Ende der Seebrücke zu.
Dort haben die Fischer -
wie auf einer Bühne -
ihre Ruten ausgelegt.
Vollmondsilbern schimmern
die toten Fische
auf den Planken.
Ringsum schlagen hohe Wellen
gegen knarrende Holzbalken.
Unten huscht eine dunkle Gestalt
wie ein Schatten
über wirbelnden Sand
hinauf in die Düne,
vorbei an Möwen,
die geduckt hocken am Strand.

Zögernd verlassen wir -
vom Naturschauspiel gebannt -
die gischtumtoste Brücke
und sehen den Abendstern:
Jupiter, den Riesenplaneten,
das derzeit auffälligste Gestirn
aus der Dunkelheit hell strahlen
über Graal-Müritz
und unserem Hotel.
Er verheißt Licht und Freude.
Wir sind angekommen!
Nun kann die Seele frei
vom Wind getragen,
umrauscht von Wald und Wellen,
auf die Reise gehen.

Sonntag, 4. Okt. 2009
Reise mit „Leben mit Krebs
Bremerhaven e.V."

Liebe ist da

So warten wir -
und Sekunden
verlieren sich,
die jede bringt
einen Gedanken -
so süß,
einen Blick,
der trifft.
Sagst ein Wort,
sag ich's.
Liebe ist da
und kein Hass,
aber die Frage:
Sind wir verloren?
An das Leben,
ja!

Kassel, 29. Jan. 1973

"Am Steg" Aquarell 3/1997 - Stuttgart

Lieblingsspeise

Sie führte ihn auf's Eis:
Er mag so gerne Milchreis,
schon als er den gerochen,
ist tief er eingebrochen.

Bremerhaven, März 2015

Weser Mondnacht

Stunden
tauchen ein in
blaue Schwärze.
Silberner Schimmer
weitet sich still
auf tiefer Weser.
Es stört kein Schiff!
Im Mondspiegel
tanzen Windfahnen,
glasen ruhig
in den Morgen.

Bremerhaven, Feb. 2015

Stubenhocker

Ich bin ein Stubenhocker,
bekomme leicht Gesichte.
Dabei entstehen locker
bequem meine Gedichte.

Bremerhaven, März 2022

Im Watt

Die Sonne will nicht scheinen,
im Dunkeln Kinder weinen.
Es macht keinen Spaß im Watt,
sie sind es einfach satt,
dass ihre Eltern paffen
und alle Wattläufer gaffen.
Die können nicht verstehen,
wenn sie Zigaretten sehen,
wie man so kann genießen
die frische Luft. Sie grüßen
nicht, geh'n schnell vorbei,
laut begleitet von Möwengeschrei.
Sie wollen sich nicht zanken,
nur Meereslüfte tanken.
Die Eltern weiter stinken -
ihre Kinder verstohlen winken.

Stuttgart/Bremerhaven, Sommer 1995

1966 1967

Portraits
Petra Kollakowsky

„Glückliche
Preisträgerin"
Folkwangpreis 1967
Aula-Foyer mit
Prof. Kaiser-Breme

AUF BESCHLUSS DER JURY WIRD DER

FOLKWANG FÖRDERPREIS 1967

DER STUDIERENDEN DER FOLKWANG-HOCHSCHULE

FÜR MUSIK · THEATER · TANZ, ESSEN

PETRA KOLLAKOWSKY

VERLIEHEN. DURCH DIESE HOHE AUSZEICHNUNG

SOLLEN NICHT NUR DIE FACHLICHEN UND

KÜNSTLERISCHEN LEISTUNGEN, SONDERN AUCH DIE

WÄHREND DER AUSBILDUNG BEREITS SICHTBAR

GEWORDENEN PERSÖNLICHKEITSWERTE

ANERKANNT, GEWÜRDIGT UND DER

ÖFFENTLICHKEIT BEKANNT GEGEBEN WERDEN.

DIE FEIERLICHE VERLEIHUNG DES PREISES

WURDE AM 25. FEBRUAR 1967 VOLLZOGEN.

Gesellschaft der Freunde und Förderer der Folkwangschulen e.V.

Folkwang Hochschule für Musik · Theater · Tanz

ESSEN, DEN 25. FEBRUAR 1967

An der Folkwang
Hochschule
für Musik,
Gesangsklasse
Prof. C. Kaiser-Breme
Essen 1962 - 1968

Singen

Zu singen noch -
zu singen wieder
jene lebensfrohen Lieder,
die ein Meister
klingen lässt
als ein stetes
frohes Fest
von Menschen,
die geboren sind,
zu sehnen sich
danach als Kind,
die ahnen nicht,
dass diese Macht,
sie dem Glücke
nahgebracht!

Kassel, 29. Sept. 1971

Fiordiligi in der Folkwang. Oper „Cosi fan tutte" von W. A. Mozart mit Martin Finke als Ferrando

Petra's Fluralbum mit Aufnahmen aus ihrem Bühnen- und Theaterleben

Petra Kollakowsky als Gräfin in „Die Hochzeit des Figaro" - Premiere Bochum 1969

„Die Hochzeit des Figaro" von W. A. Mozart mit Cherubino Elke Estlinbaum im Musiktheater im Revier - Gelsenkirchen 1969

Partie der Natascha - Dreharbeiten zu „Krieg und Frieden" von Prokofjew
Februar 1970 im Musiktheater im Revier Gelsenkirchen

Eröffnungskonzert beim Internationalen Chorfest
im „Großen (Goldenen) Musikvereinssaal" Juli 1971 - Wien

"Pelleas und Melisande" mit Gerhard Faulstich im MiR Gelsenkirchen - 1971

Der Stern

In Liebe wär' so gern
in unsern Schoß geglitten
ein nachtgoldener Stern,
doch du hast sehr gelitten.

Unermesslich Bangen -
trotz der Liebe Süßigkeit -
hielt deine Stirn umfangen,
eng umschlungen zu zweit.

Mein hell brennendes Herz
vom Strahle deiner Blicke,
dein Lächeln - müdesüß -
meine Seele entzückte.

Der Klang deiner Stimme,
wie er schmeichelte sich fein
in tönende Sinne!
Innig wiegten wir uns ein.

Ein Engel war der Stern
und hat sich aufgehoben,
wacht grenzenlos, so fern
am Himmelszelt hoch oben.

Kinder sind wir beide,
haben uns früh gefunden
in Lieb' und in Freude
und bleiben tief verbunden.

Kassel, 5. Sep. 1976

Wehmut

Du hast mich
gesehen,
doch mich nicht
erkannt.

Es hat sich deine
Seele
im Labyrinth
verrannt.

Ich trat aus dem
Schatten
trauernd in
das Licht.

Du bleibst meine
Liebe,
mein schmerzlicher
Verzicht.

Jedoch ist dein
Name,
sein Klang in mich
gebrannt.

Er weckt in mir
Sehnsucht,
von mir Wehmut
genannt.

Bremerhaven, 10. Okt. 2015

Frühlingsgabe

Es blüht hinter dem Haus.
Mutti ist krank, sie kann nicht raus.
Im Beet stehen die Narzissen.
Diesen Anblick muss sie missen.

Sie kann Blumen nur sehen,
die bei ihr im Zimmer stehen.
So werd' ich's nicht vermeiden,
ihr den Frühlingsstrauss zu schneiden.

Die Pracht nimmt mich gefangen,
sie sind herrlich aufgegangen.
Die Schönheit der Narzissen
werde draußen ich vermissen!

Bremerhaven, März 2015
Lesebühne

Die Winterrose

Eine Rose fliegt „by air"
gebündelt im Blumenmeer
weit vom fernen Afrika,
winterfest, höchst wunderbar,
durchläuft gekühlten Wandel
aus blühend fairem Handel.
Für solch einen Luxus sind
die Rosenliebhaber blind.

Bremerhaven, Jan. 2015

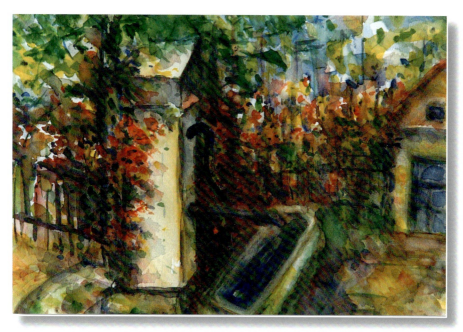

„Der Bauerngarten" Aquarell 2002 - Stuttgart

Verborgener Frühlingsbote

Verborgen im Giersch
steht sie,
aufrecht, die Tulpe,
leuchtet
rot wie Karmin.
Niemand
sieht, keiner pflückt sie.
Einsam
geht der Frühling hin.

Erinnerung an den Hakenweg 2, Bremerhaven-Leherheide
Lesebühne März 2015

Der Vampir
- die Mückenplage -

Du glaubst es ja nicht,
      mit welcher Tücke
zum Blutsaugen dich
      umkreist die Mücke!

Des Nachts - zugedeckt,
      der Welt abgewandt,
ein „Brsssss...." dich weckt
      am Kopf - penetrant!

Unmöglich ist's,
      den Vampir zu fangen,
an deiner Stirne
      hat er gehangen.

So klebt er bald satt
      voll Blut an der Wand
und findet sein Patt
      vom Schlag deiner Hand.

Doch glaubst du es kaum -
      die Augen sind zu:
„Brsssss...." klingt es im Raum.
      Aus ist's mit der Ruh!

                              Bremerhaven, 14. Juli 2016

„Die Wümme schlängelt sich durch die Marsch" Aquarell 2002 - Bremerhaven

Der Philosoph

Sei ganz entspannt
mit Immanuel Kant!
Gott half ihm,
beim Philosophieren
das Lachen
nicht zu verlieren.

Bremerhaven, 8. Mai 2023

Schatten über Bremerhaven

Gedenken an Margot u. Ingeborg Goldberger
- Ihre Deportation 1941 ab Wesermünde -

Geboren unter Sternen,
wo die Weser mündet,
müssen Mutter und Kind
mit goldenen Haaren
aus ihrer Stadt,
die ewige Schatten hat,
weil sie jüdisch sind.
Man hat sie gefahren
im Hitlerwahn-Gespinst
wie Vieh - so fern
ins KZ nach Minsk,
entzündet eiskalt
sie und ihren Stern
mit brauner Gewalt.

In jenem Schatten
unschuldig in Lehe geboren,
erfährt ein Mädchen
nach acht Jahren
dies grausame Schicksal
von Mutter und Kind,
dass sie gestorben und
niemals heimgekehrt sind.
Sein kleines Herz erschauert,
ist fast im Schmerz erfroren.
Tief bewegt in Schweigen,
erwacht zu ewiger Trauer,
muss es unendlich
mit ihnen leiden.

Bremerhaven, Dez. 2011

Stolpersteine vor dem Wohnhaus der Familie Goldberger in der Hafenstraße 36 in Bremerhaven-Lehe.

Verfolgung

Der Stern
der Verfolgten
geht niemals unter,
wie die Nachtbläue
am Himmel
ihr Licht
nie verliert
und leuchtet
an allen Enden
der Welt
in stiller
Ewigkeit

Bremerhaven, Feb. 2015

Quell der Leiden

Ungeweinte Tränen
fließen innerlich
im Quell
der Leiden,
einer Stätte
der Trauer,
umringt
von Mauern.

Bremerhaven, Feb. 2015

Überlebende

Da sind sie – im Wort,
die nicht Namenlosen.
Sie schreiben es fort,
das ewige Tosen
der Totgesichten,
die niemals mehr kamen,
nur in Gedichten
erwachen mit Namen.
Millionen Sterne
strahlen überzahlhoch,
leuchten aus Ferne,
erhellen Dichtern doch
die düsteren Zeilen,
aus Überlebenssicht
hier zu verweilen
im Leben und im Licht.

Bremerhaven, 21. Sep. 2016

PUTIN – der Aggressor

Er hängt an seiner
Gierkette der Macht,
regiert im Palast
in goldener Pracht.

Geheime Kräfte -
tief in seinem Schoß -
trainiert er mächtig,
sie machten ihn groß.

Untergangsängste
sitzen ihm im Nacken,
doch wem nützte es,
darauf rumzuhacken,

gesetzte Grenzen
zu überschreiten,
sein Land im Osten
gen West zu weiten,

dort das Völkerrecht
massiv zu brechen,
für Abhängigkeit
im Land zu sprechen,

die Halbinsel Krim
zu annektieren -
wohin soll denn noch
die Reise führen?

Wird „rote Erde"
gewaltsam vermehrt,
hat Menschenleben
verloren an Wert!

Das Feld der Missgunst
ist schon weit bereitet
und Hass und Gewalt
darin verbreitet.

All das führt ihn hin
zu großen Krisen
durch geheime Tricks,
gewohnten miesen.

Im Lügengewirr
ist er selbst gefangen,
innere Wahrheit
dunkel verhangen.

Wohin führt sie ihn,
die Affinität?
In Richtung Westen
ist es nie zu spät.

Er muss sich halten
an feste Grenzen,
verzichten auf die
Miliz-Sperenzien.

Und endlich seinen
Blitzkrieg beenden.
Nur das wird Europa
zum Guten wenden.

Der Mut zum Frieden
und das Vertrauen
helfen, gemeinsam
neu aufzubauen.

Denn Menschenrechte
zu fordern steht an
auf der ganzen Welt
und für jedermann.

Auch einen Putin
macht Freiheit groß
als seines eig'nen
Riesenreiches Spross!

Bremerhaven, Feb. 2015

In Moskau – Ukrainekrieg

Ein weißes Blatt Papier

Allein steht er da,
ein junger Passant,
hält ein DIN-A 4
weißes Blatt Papier
in seiner Hand.
Zwei Polizisten,
die Uniformen
und Bärenmützen
machtvoll tragen,
schränken ihn ein.
So wird er bedrängt
mit ihren Fragen:
Was machen Sie hier?
Er kann nur sagen:
Ich will hier stehen.
Alle können sehen:
Das „Delikti" ist leer.
Was soll das heißen?
Friedvoll lässt er es
sich nicht entreißen.

Er bleibt standhaft
auf seinem Demo-Fleck,
so greifen sie ihn
und schleppen ihn weg.
Sie tun nur ihre Pflicht.
Ein Putin-Gesetz
streng reglementiert:
Wer die Wahrheit ausspricht,
den Krieg benannte,
die Freiheit verliert!
Sympathisanten
dokumentieren,
filmen vor Ort
die ganze Szene.
Sie sprechen kein Wort.
Aber in Medien
sieht die übrige Welt,
wie Russland es
mit Menschenrechten hält.
Krieg ist, nicht Frieden!

Bremerhaven, März 2022

Das Scheitern

Eintauchen
U-Boot-gleich
in Tiefen
des Meeres
Nahrungssuche
in brennender Kälte
auftauchen durch
Sauerstoffblasen
kein Land
ist gewonnen
zu schwer die Last
vor den Bergen

Bremerhaven, 13. Feb. 2015

Beistand in Israel

Wenn man ein-zwei Krücken hat,
stapst man nicht durch Salat!
Es liegen für die Beine
im Wege große Steine!
Die werd' ich mit Entzücken
und Hilfe überbrücken.
Betritt mein Fuß heil'ges Land,
sendet ER mir Herz und Hand!

Bremerhaven, 2018

„Zwei Elfchen"

Eine
Tanne geschmückt
zum festlichen Baum
bleibt ein schöner Traum
Krieg

Nebelschwaden
ziehen weit
über unser Land
scheinen wie graue Watte
Sonne

Schreibwerkstatt
bei „Leben mit Krebs" 2018

Du Menschensohn

Durch Disteln und Dornen
führt dein Weg der Wahrheit
aus dem Hag der Rosen -
rot wie Blut - an das Kreuz.

Im Leiden erflehst du
vom Vater im Himmel
für Menschen Vergebung,
sie erkennen dich nicht.

Was sie tun, wird erfüllt,
denn du bleibst mit ihnen,
lebst in ihren Herzen,
im Licht und im Glauben.

Bremerhaven, Apr. 2022

Der König der Herzen
– eine weihnachtliche Begegnung in der Pauluskirche –

Von der Empore singe ich „Domine Deus", mein letztes Solo. Ich schaue auf die Gemeinde herab, die am zweiten Weihnachtstag einen festlichen Blick auf den Altarraum mit lichterhellem Tannenbaum und „Egli-Krippe" hat. „Pater omnipotens…" verklingt meine Arie aus dem „Gloria" von Vivaldi, und ich sehe, wie in der letzten Reihe ein Mann mit Rucksack aufsteht und sich nach vorne begibt. Die Pastorin kündigt ab. „Lobt Gott, ihr Christen alle gleich …" singe ich aus voller Kehle mit. Am Altar halten Pastorin und Lektorinnen „Fürbitte". Beim „Vaterunser" steht auch der Fremde auf und empfängt „Entlassung" und „Segen".

Nach dem obligatorischen „O du fröhliche" trifft sich die Gemeinde ungeplant, ganz spontan im Kirchencafé. Tee, Geschirr und Teller mit Weihnachtsgebäck stehen fix auf den zusammengerückten Tischen. Wir sind eine fröhliche Runde. Plötzlich steht er da, der junge Mann mit Rucksack - zögerlich. „Setzen Sie sich doch zu uns!" Er zeigt auf seine geschwärzten Handinnenflächen. „Ich hatte ein Kettenproblem", entschuldigt er sich, „das geht nicht ab!" - und setzt sich dann doch. Unser Gespräch gestaltet sich fast philosophisch. Er erscheint mir weltfremd. „Ich habe meine Ausbildungen immer wieder abgebrochen", erklärt er. „Ich lebe von Gelegenheitsarbeiten und komme viel herum. Das Leben selber ist meine Schule. Die Arbeitslosigkeit und Armut ist in Bremerhaven noch schlimmer als in Hamburg. Hier sind schon viele Jugendliche unter 18 Jahren drogenabhängig!" Er steht auf. Will er etwa in die Küche, so ungepflegt, wie er aussieht? Nein, er nimmt nur demonstrativ ein kleines Herz in rotem Glitzerpapier von einem Tisch, setzt sich wieder und gibt verschmitzt, aber bestimmt kund: „Ich bin der König der Herzen!" Dabei schaut er mich unverwandt an, wirft seine langen, wirr gelockten Haare aus seinem spitzen Gesicht und lacht. - „Sie erinnern mich an Riemenschneider", sinniere ich. Der Organist neben mir schmunzelt amüsiert. „Ein Holzkopf! ... hahaha!" Doch das Gespräch vertieft sich. „Ich habe durch meinen Glauben viel Trost in der Kirche gefunden", sage ich.

„Ja...", fragt er eindringlich, „ist Ihnen der Glaube denn wie Wissen?" „Sie sprechen mir aus der Seele!", versichere ich. „Ich glaube an die Auferstehung." Seine Augen leuchten, als fühle er sich mehr als verstanden. Dann holt er vertraulich eine kleine schwarze - wie echt aussehende - Waffe aus seiner Jackentasche und warnt: „Nicht erschrecken! Das ist nur eine Taschenlampe!" Er knipst sie an und leuchtet mir ins Gesicht. „Ich habe noch eine, die ist aus Kunststoff", sagt er, greift zurück und holt eine große gelbe Pistole aus seinem Rucksack. Ich rufe entsetzt: „Das ist gefährlich, wenn jemand denkt, er wird bedroht ... und die Polizei ...." Er fällt mir beschwichtigend ins Wort: „Nein, das ist Kunst, es sind nur Symbole", beruhigt er auch alle anderen, die aufmerksam werden auf sein seltsames Gebaren. „Auch mein Fahrrad habe ich zum Kunstobjekt stilisiert. Die Taschenlampe stellt das Licht dar, und in der Spritzpistole sammel ich Weih- und Taufwasser, das ich versprühen kann", erklärt er.

Die Gemeinde drängt zum Aufbruch. Jemand bemerkt mahnend: „Bei solchen Gestalten müssen wir vorsichtig sein!" - „Sie müssen beim Seitenschiff rausgehen, das Kirchenportal ist schon verschlossen!", weist ihm der Küster den Weg. Aufrecht, wie beseelt, mit geschultertem Rad verabschiedet sich der junge Lebenskünstler freundlich, ja, ganz besonders herzlich und lässt wohl nur mich Gläubige in der Ungewissheit zurück, ob diese weihnachtliche Begegnung eine zufällige in unserer Pauluskirche gewesen ist?

Bremerhaven, 26. Dez. 2015

Die Heulerbande
- in der Seehundauffangstation -

Im Becken steht sie, die Seehundmutter,
trägt Overall und daran das Futter.
Mit sicherem Griff ködert sie Heuler,
stopft so nach und nach hungrige Mäuler.
„Quer geht er nicht rein!", sagt die Pflegerin,
korrigiert den Fisch und flugs ist er drin.
Seehunde schlucken, die Zähne sind spitz,
können nicht kauen, ja, das ist kein Witz!
Gerade ins Maul wird der Fisch bugsiert.

So werden Waisen für das Meer trainiert.
„Es geht doch!", sagt sie, und ruft dann nach Paul.
Der liegt noch am Rand, doch er ist nicht faul.
Der „Neuzugang" ist ein Fliegengewicht,
und die Prozedur kennt er noch nicht.
Rundum im Wasser heult wild die Meute,
doch einer schnappt sich wieder die Beute.
Den packt die „Mutter" an seiner Flosse -
weg von den Schwachen. Karl ist's, der Große.

„Du kannst bald allein auf Fischfang gehen,
bist ozeanreif!" - Im Winde wehen
Gummihandschuhe, von Heulerbissen
im Futtereifer entzweigerissen.

Auch Paul hat's geschafft, ganz ohne Wecken,
die erste Mahlzeit im Aufzuchtbecken.
„Na, klappt doch ganz gut! Jetzt gibt es nichts mehr!
Ihr seid alle satt, der Fischsack ist leer!"

Sie watet voran - durch ihre Bande,
die watschelt ihr nach zum Uferrande.
Nun ruht sie im Kreis, die Heulerherde,
ermattet und still auf sandiger Erde.

Bremerhaven, 2. Okt. 2015

Ständchen an die kluge Sieglinde

Was macht deine
Großhirnrinde,
meine kluge
Sieglinde?
Hörst du meine
Melodie?
Immer wieder
singe ich sie:
Von Liebessehnsucht
- dir ins Ohr -
klag ich mein Lied,
ich armer Thor!
Bin so sehr
in dich verschossen.
Viele Tränen
sind geflossen.
Weil du nichts
von mir willst wissen,
muss ich traurig
dich vermissen!
Hab doch endlich
mal Erbarmen
mit mir
liebestollem Armen!

Bitte sage mir
mit Blicken,
womit kann ich
dich entzücken?
Denn ein Lauschen
- nur mit Bangen -
nimmt dich, Holde,
nicht gefangen.
Nur dir blüh'n
meine Liebeslieder,
duftet „einst im Mai"
der Flieder.
Und ich hoffe
ganz verstohlen,
du wirst bald
zu dir mich holen!
Endlich kannst du
mir vertrauen
mit deinem großen Geist,
dem schlauen,
in dem Zahlen
sonst nur kreisen,
doch nicht holde
Frühlingsweisen!

Wie komm' in deinen
Kopf ich rein,
herzliebste
Sieglinde mein?
Lass mich nicht
im Dunkeln tapsen
zwischen funkenden
Synapsen!!!
Oh - ! fänd ich nur
an diesem Orte
blitzzündelnde
und klare Worte!
Oder stört dich
mein Gestammel,
steht vor dir
ein blöder Hammel?
Sei du heut
mit mir gelinde,
meine kluge
Sieglinde!
Ach, mir fällt nichts
als Liebe ein,
auf Knien bitt ich dich:
Sei mein!

Lesebühne Bremerhaven, 2015

„Mühle bei Alkmaar" Aquarell 1992 - Stuttgart

Landwirtschaft

Im Märzen der Bauer den Traktor vorspannt.
Er hält seine Felder und Wiesen instand.
Er pflügt Gülleboden, er ackert und sät.
Für Feldblumensamen wär's auch nicht zu spät!

Eine Landwirtin trotzt ihrer Monokultur.
Zu früh ist's für Mais, doch sie liebt die Natur.
Sie sorgt für Insekten, was kriecht und was fliegt.
Die Blütenpracht über die Giftspritze siegt.

Am Ackerrand schafft sie natürlichen Raum,
für Bienen Nektarien - die Tracht ist ein Traum!
Es zwitschern die Vögel zum Lohn ihr ein Lied.
Der Nachwuchs kann schlüpfen, hier wird nicht gesprüht!

Doch ist es auch wahr, wenn der Bauer nicht wär,
wo käme der Segen, die Nahrung sonst her?
So wird er besungen, im Märzen schon lang,
im Oktober gefeiert zum Fest Erntedank.

Lesebühne Bremerhaven, Feb. 2018
Frei nach „Im Märzen der Bauer" - Volkslied aus den mährischen Sudeten 19. Jh.

Wie damals

Wie damals erstrahlt
dein Bild mir so nah,
denn dies, dein Leuchten,
treu ist's geblieben
dem lieblichen Tal,
von Tannen umringt.
Gold schützt uns das Korn
und blutrot der Mohn
in würziger Luft
nach heißem Regen.
Ach, köstlicher Kuss
aus Blaubeermund - und
dein wildes Lachen
im Blitzgewitter
der noch heilen Welt!
Entrückt erhellt
dieser Traum
mir zum Trost
meine Dämmerung.

Bremerhaven, Feb. 2018

„Die Lesende" Aquarell auf Japanpapier (frei nach Monet) - Stuttgart

Das Leben - mein Traum

Nächte Tagen weichen
Menschen Menschen gleichen
Freunde Freunde sind
Trost aus lieben Händen
Kalt ins Warme wenden
Glauben wie ein Kind
Recht und Recht erwägen
Nichts in Ketten legen
Helfen in der Not
Tanzen einen Reigen
Stets das Gute zeigen
Bis in meinen Tod

Bhv., Nov. 1961

Zweiter Weltkrieg 1944
- Bombenalarm in Lehe -

Ich schreie!
Es bedroht mich
das schwarze Loch,
will mich verschlingen.
Frauen sitzen starr
auf zu wenig Stühlen,
Kinder auf ihrem Schoß.
Norbert steht bei Mutti.
Lass mich nicht allein!
Ich falle tief
in die Dunkelheit,
schreie nach ihr ...
will zu meiner Mutti!
Endlich holt sie mich
aus der Kartoffelkiste,
wechselt mich gegen
Baby Hartmut aus.
Auf ihrem Schoß
werde ich still.
Das Loch ist weg
und damit meine Angst.

Wesermünde-Lehe, Goethestraße 35.
„Das schwarze Loch" war der Durchgang zum Nachbarhaus Nr. 33

Das Kriegskind und die Friedenskinder

„Du bist ja kein Friedenskind", sagt sie und schaut mich aus friedliebenden Augen an. Am 6. April 2015 wird von einer Freundin der 80. Geburtstag gefeiert, zu dem ich eingeladen bin. Aha...! Bisher wusste ich nur, dass ich ein Kriegskind bin, am 25. Okt. 1941 in Lehe geboren. Aber heute sind hier lauter Friedenskinder. Was unterscheidet uns? War es die friedensfette Muttermilch oder die Kriegs-Bomben-Kellerängste Muttermilch, die wir vor und im Krieg eingesogen haben? Die Vorkriegskinder können sich als sogenannte Friedenskinder damit trösten, denn Alarm, Brand und Zerstörung haben sie bewusster erleben müssen. Da hilft ihnen Verdrängung und die Erinnerung an friedliche Zeiten in ihrer Kindheit besonders gut...!

* Petra Kollakowsky

Bremerhaven, April 2015

Der Soldat
oder
Mutti's stille Mahnung

Sag nichts! - Iss!
Vati ist weit fort …
Sag nichts, sei still!
Kein falsches Wort!
Vati geht's nicht gut …
Sag bloß nichts,
sonst packt ihn gleich die Wut!
Ellbogen vom Tisch!
Sitz gerade!
Sieh nicht hin,
wie er isst!
Er grübelt nur vor sich hin…
Frag nichts!
Vati hat viel zu tragen,
er hat große Sorgen!
Frage bloß nicht,
was morgen ist!
Mach den Mund zu!
Du bist nur ein Kind -
lass ihn in Ruh!
Du ahnst ja nicht,
wie die Soldaten sind.

Im Weltkrieg
mussten sie siegen,
im Eis und in
Gräben liegen,
sich verteidigen
und schießen,
letzte Tränen vergießen,
weil wieder ein Soldat
gestorben ist -
ein guter Kamerad -
im vergossenen Blut -
vermisst …
Sag gute Nacht! -
Von drüben erklingen
schöne Abendlieder …
Es ist schon acht! -
Die Russen singen
und singen wieder …
Gib Vati ein Küsschen!
Du musst nun schlafen.
Die Engel lassen dich grüßen
im dunklen Bremerhaven.

Bremerhaven, Himmelfahrt 17. Mai 2012

„Vati - der Soldat" Heimaturlaub August 1942,
Mittelstr. 26 - 28, Bremerhaven-Mitte

Sus'chen und die Frösche

Im Schrank sind wertvolle Dinge versteckt,
doch Sus'chen hat etwas darin entdeckt:
Ein Köfferchen, mit grüner Seide bespannt,
das will sie haben, von der Farbe gebannt!
„Es sieht aus wie die Frösche an der Aue",
so denkt sich die kleine, unschuldig Schlaue.
„Wenn ich ihnen meine Liedchen gesungen,
sind sie mir in meine Hände gesprungen.
Das Köfferchen sieht aus wie das helle Gras,
da springen alle rein, ach, das wird ein Spaß!"
Arglos fragt sie Mutti: „Darf ich es nehmen?"
Die schaut skeptisch, zeigt auf den Griff zum Heben.
„Du darfst damit spielen, doch gib darauf Acht,
das hat Opa aus Asien mitgebracht!",
nimmt die Briefe heraus, die sie darin bewahrt,
ahnt nicht, was ihre Süße damit vorhat.
Die zieht allein fröhlich los, hin zu dem Bach,
und stellt dort heiter suchend den Fröschen nach.
Nur die Kleinen haben es ihr angetan,
auf Knien im Gras macht sie sich an sie ran.
Flugs hüpfen sie rein: EINS ZWEI DREI VIER FÜNF SECHS
in die lindgrüne Seide der kleinen Hex.
Schnapp, zu geht das Schloss, keiner hat's gesehen.
Ihn in der Hand, kann sie nicht widerstehen,
ihren „Fröschlein-Schatz" nach Hause zu tragen.

Doch bevor Sus'chen die Mutti kann fragen:
„Darf ich sie behalten? Sind die denn nicht süß?",
fragt Mutti: „Was ist da drin? Gib her!" und schließt
ihre „Schatztruhe" auf - und heraus springen -
oh Schreck! - ihr ins Gesicht die Winzigen,
die EINS ZWEI DREI VIER FÜNF SECHS, in der Küche
auf den gewachsten Boden! - Unter Flüchen
lässt Mutti die Tasche fallen, die ist hin,
doch rasch hat sie alle Fröschlein wieder drin.
„Igitt!" sagt Mutti, „das ist doch kein Spielzeug!
Du bringst die armen Viecher zurück, noch heut!
Susi, was hast du dir bloß dabei gedacht,
etwa, dass es den Tieren hier Freude macht?
Frösche werden als Kaulquappen geboren,
sie leben am Wasser, sind ohne verloren!
Sie sind im Grünen durch ihre Farbe versteckt
und fangen mit der Zunge jedes Insekt.
Ich hoffe, du hast noch die Stelle im Blick.
Mach schnell, damit nicht eins der Fröschlein erstickt!"
Was lernt Sus'chen aus dieser wahren Geschicht:
Lebendes in Köfferchen rein tut man nicht! -
Nun will sie als Nächstes aber ergründen:
Wo kann sie die Froschbaby-Kaulquappen finden?!

Bremerhaven, 15. Juni 2015

Sommerfreuden am Weserdeich I
Im Strandbad

In der Sommerhitze laufen wir Kinder – oft barfuß – zum Weserstrandbad mit aufgerolltem Handtuch unterm Arm, von der Goethestr. 35 in Lehe über die Schleusenstraße auf dem Deich entlang. Ein Fahrrad haben wir ja leider nicht. Besonders wenn es schwül ist, stinkt es vom Fischereihafen her und Loren, die in Mitte auf den Gleisen stehen.

Im Weserstrandbad lerne ich Schwimmen und am Holzturm vom 3m-Brett springen. Meine Brüder und ich dürfen am Wasserstandsanzeiger die Körbe hochziehen bei Flut. Meistens streiten wir uns um den runden Korb, der den Wasseranstieg um 1m anzeigt. Der Kegel für 20 cm ist nicht so beliebt. Opa Bolz schlichtet dann. Er ist der Wärter und hilft uns beim Kurbeln mit der Hand, denn dazu braucht man viel Kraft! Opa Bolz ist unser Nachbar in der Goethestr. 35. – Neben dem Wärterhäuschen ist unten im Sand auf einer Düne ein Betonloch. Ich hoffe immer, dass es frei ist, denn das ist meine Burg! Schwimmen dürfen wir nicht bei Ebbe, erst wenn der Wasserstand hoch genug ist. Der Bademeister passt auf, dass wir nicht zu weit rausschwimmen. – Wenn ich nach Hause komme, bin ich immer sehr müde. Obwohl ich oft Blasen an den Füßen habe, gehe ich gerne den weiten Weg zum Deich und zurück – allein oder mit Norbert und Hartmut, weil Schwimmen, Toben und Schreien, Lachen und Singen dort Niemanden stört und viel Spaß macht.

Bremerhaven in Erinnerung 2001

Petra Tschakowsky

Sommer 1951, Petra mit ihrem Bruder Hartmut (re.) und Cousin Diethard Bode im Weserstrandbad

Petra Kollakowsky im Sommer 1980 am Weserdeich

Weihnachten 1967 in der Goethestraße 35 mit
Hartmut, Norbert, Oma Meta und Petra

Oma Meta's Lieblings-Kanon:

 Froh zu sein bedarf es wenig,
doch wer froh ist, ist ein König.

Sommerfreuden am Weserdeich II
Das Sonnenbad

Ich versinke im Gras – die Mulde gehört mir! Der Wind fächelt mein Gesicht. Ich blinzel ins Blau – leichte Wolken ziehen. Von der Sonne durchschienen leuchtet mein langes blondes Haar, aber sie sticht!
Zum Schutz ziehe ich das Handtuch über den Kopf, dreh mich auf den Bauch, dann wieder auf den Rücken. Bloß keinen Sonnenbrand riskieren! –
Auf der Weser ziehen weiße Segelschiffe gen Süden zurück nach Bremen.
Ein Riesenschiff kommt von dort; in Richtung Nord fährt es vorbei zum Columbusbahnhof. Meine Gedanken schweifen zu dem hölzernen weißleuchtenden Gebäude und seiner „Abschiedskaje".
Dort sind wir oft und singen für die Reisenden: „Muss i denn, muss i denn zum Städele hinaus." Wir winken mit Taschentüchern und auch, wenn wir Besuch aus New York von Oma Meta's und Vati's und auch Mutti's Verwandten bekommen, die vor dem 2. Weltkrieg ausgewandert sind ...
Hohes Gras und Klee umringt mich – wie das duftet – auch ungeschnitten!
Andere Kinder und Erwachsene rufen und lachen, Möwen schreien, dass es nur so schallt am Deich.
Ganz warm wird es mir um's Herz.
Ach, diese Sommer am Weserdeich!
Bremerhaven in Erinnerung 2001

Petra Kollakowsky

Wechsel an der Weser

Die Weser mündet
noch silbrig glänzend
in der Mondnacht,
glatt wie ein See.
Der Wind kehrt wieder
und peitscht die Wellen.
Im Frühling, Sommer,
Herbst und Winter
wechseln Stille
und Hammerschläge
über Deiche und Mauern,
mal erhöht,
von Menschenhand gesichert
oder dem Erdboden
gleichgemacht.
Altes Bremerhaven
schwindet -
begleitet von Trauer.

Manch Schönes bleibt
stehen in Alt-Lehe,
auf Pfählen gegründet,
teils verlassen von Käufern,
die sich Eigentümer
der Häuser nennen.
Kräne heben sich überall
und senken Lasten ab.
So ist Betrieb am Wasser.
- auch Einsamkeit.
Es verliert sich hier
und wird gewonnen,
wie Ebbe und Flut
die Gezeiten bringen
bei Tag und bei Nacht.

Bremerhaven, 2018

„An der Geestemole" Aquarell 2002 - Bremerhaven

Der Engel

Als ich ein Kind war
und noch sehr klein,
wollte ich kein Zwerg,
nur Engel sein!
So fing ich lauthals
an zu singen,
ließ meine Stinme
hoch erklingen.

Bremerhaven, Dez. 2022

Auf dem „Platz": Schäferhundverein Speckenbüttel. Familie Kollakowsky von links: Hartmut, Norbert, Helmut, Herma und Petra und Schäferhündin Fea - Bremerhaven 1952

Kath. Kindergarten 1947

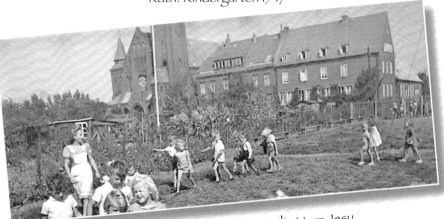

Kindergarten „Leher Dom", Heilig Herz Jesu

Heiligabend in der Goethestraße 35, 1949

MEIN SINGEN UND SAGEN
- aus uralten und neueren Quellen -
T = Text
M = Musik/Melodie

Spr.:   Deutschland hat seine
Bücher verbrannt,
sein Land zerstört und
Volksgut verbannt.
Drum sei das Lied von   T.: Ben-Chorin, Schalom =
Schalom Ben-Chorin   F. Rosenthal, geb. in
mein nachdenklicher Beginn: Mü. 1913 – 1935, Israel/
    Jerusalem

Freunde, dass der Mandelzweig   M.: F. Baltruweit 1981
sich in Blüten wiegt,   EG 620, Str. 4
bleibe uns ein Fingerzeig,
wie das Leben siegt.

Nun, Scheiden vom Winter macht,
dass mir das Herze lacht!
    T.: Hoffm. v. Fallersleben 1835
    M.: Volksweise Würzburg 1816
Gesang ♪ :   Winter ade ...

Es tönen die Lieder,   T.: Nachlass A. Spieß 1869
der Frühling kehrt wieder.   M.: Volksweise u. Frühlings-
    lied, unbek. Komponist

Spr.:   Doch spielet kein Hirte
auf seiner Schalmei:
Gesang ♪ :   Tra - lalla – lalla -
lalla - la - la ... -

Spr.:   Juchheißa, Juchhei!
Juchheißa, Juchhei!

Hört alle mir zu,
ihr lieben Leute:

Klassischen Vers als Rap
spricht man heute!
Rock, Metal und Pop
und lässiger Beat,
das Volk reimt ganz cool,
doch wo bleibt sein Lied ... ?

Gesang ♪ :	Im Märzen der Bauer... noch ackert und sät. Er rührt seine Hände frühmorgens und spät.	T.: ...die Rösslein einspannt ... Bearb. W. Hensel 1923 M.: Volkslied aus den mähr. Sudeten 19. Jh.
Spr.:	Wir pflügen und wir streuen den Samen auf das Land, doch Wachstum und Gedeihen steht nicht in unsrer Hand. Ja ...	T.: M. Claudius 1783 M.: Hannover 1800 EG 508, Str. 1
Gesang ♪ :	Grünet die Hoffnung, halb hab' ich gewonnen. Blühet die Treue, bald hab' ich gesiegt ... !	T.: J. Kremberg 1689 M.: Sein Generalbasslied
	Geh aus, mein Herz, und suche Freud in dieser schönen Sommerszeit an deines Gottes Gaben. Narzissen und die Tulipan, die ziehen sich viel schöner an als Salomonis Seide.	T.: P. Gerhardt 1656 M.: A. Harder vor 1813 EG 503, Str. 1 u. 2
Spr.:	Erweckt sind alle Sinnen...	
Gesang ♪ :	Ich singe mit, wenn alles singt, und lasse, was dem Höchsten klingt, aus meinem Herzen rinnen.	
	Maikäfer, flieg, dein Vater ist im Krieg, dein Mutter ist im Pommerland und Pommerland ist abgebrannt...	
Spr.:	Maikäfer, flieg ... !	
Gesang ♪ :	Wenn ich ein Vöglein wär' und auch zwei Flügel hätt' ...	T. u. M.: Volkslied Schwaben 1773 Franken 1784
Spr. :	Die Gedanken sind frei, wer kann sie erraten! -	T.: Fliegende Blätter b. Herder 18. Jh. M.: Volksweise aus Schlesien 1840
Gesang ♪ :	Der Mai, der Mai, der lustige Mai ... !	T.: Aufzeichnung Lehrer Köln/ Hemmich 1847 M.: Volkslied a.d. Siebengeb.

Spr.:	Es tanzen unterm Maienbaum Soldaten, ihre Farbe ist braun. Sie hatten einen Kameraden zum Streite - im gleichen Schritt und Tritt - an ihrer Seite. Auch die SS schritt mit!	T.: Ich hatt' einen Kameraden ... Uhland 1809 M.: Weise von F. Silcher
Gesang ♪ :	Wahre Freundschaft soll nicht wanken, wenn sie gleich entfernet ist, lebet fort noch in Gedanken und der Treue nicht vergisst!	T.: Hoffm. v. Fallersleben u. E. Richter Veröffentlg. M.: Volkslied aus Franken 18. Jh unbek. Komponist
Spr.:	Rechts um... und links und links und links und links ...	
Gesang ♪ :	Das Wandern ist des Müllers Lust, das Wandern ist des Müllers Lust, das Wandern... und links und links...	T.: W. Müller 1818 M.: C. F. Zöllner 1844
Gesang ♪ :	Wem Gott will rechte Gunst erweisen, den schickt er in die weite Welt ...	T.: n. J. v. Eichendorff 1822 Aus dem Leben eines Taugenichts M.: F. Th. Fröhlich 1833
Spr.:	Erwies Gott Anderen, einem Feind, die rechte Gunst in der weiten, weiten Welt ... ?	
Gesang ♪ : Spr.:	Weißt du, wieviel Sternlein stehen ... ... die in Kriegen untergehen hoch am Himmelszelt? Gott, der Herr, rief sie mit Namen. Seht:	T.: W. Hey 1837 M.: Volksweise 19. Jh.um 1818 EG 511
Gesang ♪ :	Der Mond ist aufgegangen, die goldnen Sternlein prangen am Himmel hell und klar...	T.: M. Claudius 1773 M.: Joh. A. P. Schulz 1790 BG 482 - Bearb. Max Reger
Spr.:	Doch niemand wird von ihren Sternen singen, die ins Gas und Feuer gingen!	
Gesang ♪ :	Gott, der Herr, hat sie gezählet, dass ihm auch nicht eines fehlet an der ganzen großen Zahl ... an der ganzen großen Zahl.	

Gesang ♪: Hopp – Hopp – Hopp,
Pferdchen lauf Galopp über Stock
und Stolpersteine,
aber brich dir nicht die Beine!
Hopp hopp hopp hopp hopp –
beim HIP-HOP stehst du topp:
Hirn dreht sich im Kreis unher,
es ist schon ganz malade,
vollgedröhnt der Kopf ganz wirr,
von Metal-Rock-Ballade … !

Spr.: Ach … ! – Seht doch nur das
blaue Band wieder flattern
durch die Lüfte!
Mit Goldlack-Zier,
gepflanzt von Hand, bedecken wir
die dunklen Klüfte!

T.: Frühling lässt sein
blaues Band …
E. Mörike: Er ist's!

Gesang ♪: Wohl denen, die da wandeln …,

T.: C. Becker 1602
M.: H. Schütz 1661
EG 295, Str. 1

Spr.: … nach seinem Worte handeln,
denn früh zu Ostern
ist es vollbracht:
Der gute Abend,
die gute Nacht!

T.: Guten Abend, gut' Nacht …
mündl. überl. 18. Jh.
M.: Volkslied vertont von
Joh. Brahms 1868

Gesang ♪: Du, meine Seele, singe
wohlauf und singe schön…

T.: P. Cerhardt 1653
M.: J. G. Ebeling 1666
EG 302, Str. 1

Schalom chaverim,
schalom chaverim, schalom, schalom,
le-hit-ra-ot, le-hit-ra-ot,
schalom, schalom…

T. und Kanon für 8 Stimmen
aus Israel,
EG 434

Spr.: Denn ist nicht auch
ein Mandelzweig,
der immer noch
die Blüten treibt,
ein Fingerzeig,
dass ewig uns
die Liebe bleibt?!

T.: frei nach Schalom
Ben-Chorin,
EG 620

Lesebühne mit Gesang
Bremerhaven, März/April 2015

Anmerkung:
Das Volkslied wurde zum Kunstlied und das Kunstlied wurde zum Volkslied!
- Ein Spiegelbild der Seele -

	Seite
Widmung und Dank - Einleitung	4 - 6
Der Schmetterlingskuss	7
Petra Kollakowsky erinnert sich an Kindheit und Jugend	9 - 12
Es ist die Lerche - Lesebühne	13 - 14
Das Buch I und II	15
Das Clowns-Lächeln - Zwei Seelen	17
Wünsche - Ein Name nur - Musik	19 - 20
Tränen - Abends - Vorfreude	21 - 22
Erste Liebe - Harmonie - Impressionen - Die Flöte	23 - 24
Ein Bildnis	25
Erwachen - Der Schatten - Verloren	27 - 28
Das Land der Lieder	30
Singen	31
Gefüllte Zeit - Im Wir	32
Wegweiser - Das verborgene Ich	33 - 34
Im Abendrot - Jesus - Schatz an Liebe	35 - 36
Schätze - Freundschaft	38
Die Sehnsucht - Das Band - Verklungene Liebe - Gedankensprünge	39 - 40
Perlentropfen	41
Sekunden-Reaktion - Schmerz - Ursprünglichkeit	43 - 44
Du - Der Kuss	45 - 46
Getrennt - Verlorene Seele	47
Kater Toschi - Kater Tristan	49 - 50
Überschall am Zoo	51
Nachtwache - Gebrannter Engel	53 - 54
Die Umwelt - Licht im Dunkeln - Exot	55 - 56
Lohn des Rauchens - Eine starke Zigarette - Abhängigkeit - Kleinigkeiten	57 - 58
Tod des Bruders	60

Gottverlassen - Zurück zu Gott - Gottes Liebe	61 - 62
Tipp-Mamsell - Die schwarze Null	63 - 64
Glücksklee - Wunden der Kindheit -	65 - 66
Ostsee-Impressionen	67 - 68
Liebe ist da - Lieblingsspeise	69 - 70
Weser Mondnacht - Stubenhocker - Im Watt	71 - 72
Singen	75
Der Stern - Wehmut	81 - 82
Frühlingsgabe - Die Winterrose - Verborgener Frühlingsbote	83 - 84
Der Vampir - Der Philosoph	85 - 86
Schatten über Bremerhaven - Gedenken an Fam. Goldberger	87
Verfolgung - Quell der Leiden - Überlebende	89 - 90
Putin - der Agressor	91 - 92
In Moskau-Ukrainekrieg - Das Scheitern	93 - 94
Beistand in Israel - „Zwei Elfchen" - Du Menschensohn	95 - 96
Der König der Herzen	97 - 98
Die Heulerbande	99 - 100
Ständchen an die kluge Sieglinde - Lesebühne	101 - 102
Landwirtschaft - Lesebühne	104
Wie damals - Das Leben-mein Traum	105 - 106
Zweiter Weltkrieg 1944-Bombenalarm in Lehe - Das Kriegskind und die Friedenskinder	107 - 108
Der Soldat - Mutti´s stille Mahnung	109
Sus´chen und die Frösche	111 - 112
Sommerfreuden am Weserdeich I + II	113 - 116
Wechsel an der Weser	117
Der Engel	119
Mein Singen und Sagen - Lesebühne	121 - 124
Inhalts- /Bilder- /Foto-Verzeichnis	125 - 128

	Seite
„Konfirmation Pauluskirche" Foto	5
„Petra als Schulkind" Foto	8
„Laufende Werbesäulen" - „Familie bei Cario" Fotos	9 - 12
„Im Tessin" Aquarell	16
„Meine Harlekine" Aquarell	18
„Hundemama Yvonne" Foto	22
„Kollage"	24
„Mona Lisa" - Bleistiftzeichnung	26
„Die Wiese" Aquarell	29
„Pelléas et Mélisande" Aquarell	31
„Ich bin der Weg" Aquarell	33
„Feuersturm" Aquarell	36
„Dulcinea" Tusche	37
„Der Baum" Aquarell	42
„Metamorphosen" Aquarell	44
„Pelleas und Melisande" Foto	45
„Die Geisha" Aquarell	48
„Schimpanse" Aquarell	52
„Wildenten" Aquarell	56
„Trauernde Sonne" Aquarell	59

„Petra´s Konfirmation" Foto	62
„Familie Kollakowsky" Foto - „Flammender Baum" Aquarell	65 - 66
„Am Steg" Aquarell	70
„Portraits" - „Folkwang-Preis" Fotos	73 - 74
„Gesangskl. Kaiser" - Fiordiligi in „Cosi fan tutte" Fotos	75 - 76
„Petra´s Flur" - „Figaro-Gräfin" Fotos	77 - 78
„Natascha" - „Internationales Chorfest Wien" Fotos	79
„Pelleas und Melisande" Foto	80
„Der Bauerngarten" Aquarell	84
„Die Wümme schlängelt sich durch die Marsch" Aquarell	86
„Stolpersteine" Foto	88
„Mühle bei Alkmaar" Aquarell	103
„Die Lesende" Aquarell	106
„Vati der Soldat 1942" Foto	110
„Sommer 1951 und 1980" Fotos	114
„Weihnachten mit Oma Meta" Foto	115
„Geestemole" Aquarell	118
„Auf dem Platz im Schäferhundverein" Foto	119
„Kath. Kindergarten" - „Leher Dom" - „Heiligabend" Fotos	120
Bilder- /Foto-Verzeichnis	127 - 128